COURTS CIRCUITS

**ON NE PEUT
ÉTERNELLEMENT
SE CONTENTER
DE REGARDER
LES CADAVRES
PASSER
SOUS LES PONTS**

du même auteur

Le Devoir de déplaire, Michel Lafon, 2006.

Une morale pour les aigles, une autre pour les pigeons, Michel Lafon, 2014.

Direction éditoriale:
Ariane Molkhou

Conception graphique:
Mickaël Cunha

23, rue du Cherche-Midi
75006 Paris

COURTS CIRCUITS

ÉRIC de MONTGOLFIER

ON NE PEUT ÉTERNELLEMENT SE CONTENTER DE REGARDER LES CADAVRES PASSER SOUS LES PONTS

cherche midi

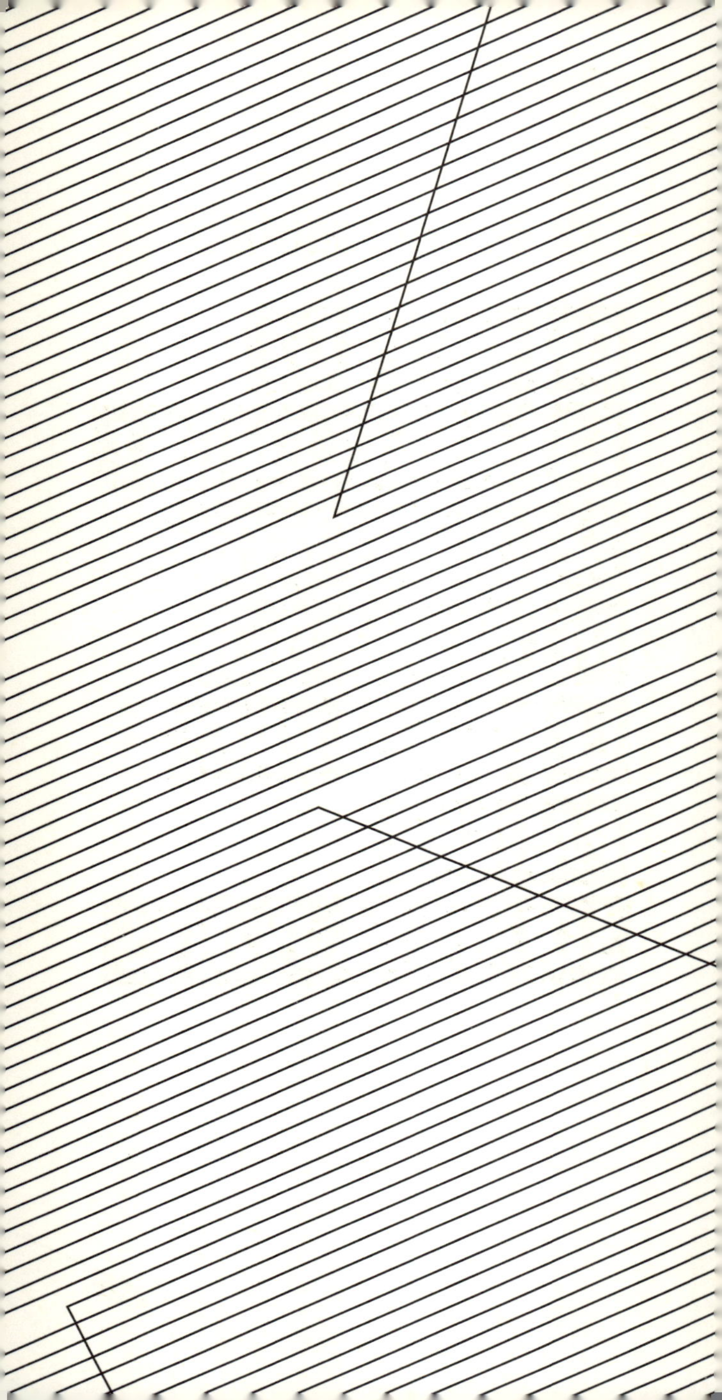

« Ce n’est pas certes le monde naissant qui me fait peur, mais quelquefois le visage de ceux qui l’accouchent. »

Jean Rostand

Il est bon de rêver. N’est-ce pas ce que notre peuple fait depuis si longtemps, jouant au poker avec la démocratie ? Avec ses rois au moins la partie était franche : les cartes dont disposait le monarque étaient toutes maîtresses ; pourtant la nation, dont l’identité s’était progressivement forgée dans son ombre, ne paraissait point s’émouvoir qu’il en use à sa guise. En échange de sa protection, le pouvoir de gouverner lui avait été remis et seul commandait son bon plaisir. Ainsi pouvait-il épuiser les ressources du pays, les partageant avec ses courtisans pour se les attacher et consolider son autorité. N’ayant aucun compte à rendre, le protecteur pressurait librement son peuple : rien qui puisse le dissuader de flatter son tyran ; peut-être était-il sensible aux fastes dont, à leurs dépens, il décorait son joug ! Pire, atteints du syndrome de Stockholm, les sujets couvraient ce maître de dithyrambes :

le prudent, le grand, le bien-aimé... quand d'autres eussent été plus pertinents : le fourbe, le belliqueux, le pervers... Ainsi vont les peuples qui révèrent leurs bourreaux, avant de s'en séparer.

Associés à l'Église catholique qui s'employait à persuader ses ouailles de l'essence divine du pouvoir, les rois étaient réputés le tenir d'un dieu, ce qui leur assurait l'inviolabilité. Longtemps hébétés, leurs sujets avaient fini par accepter que le monarque ne pouvait mal faire, le laissant décider de tout à leur place. De beaux esprits s'ingénièrent à leur apporter la lumière ; ils frémirent sans pour autant se rebeller vraiment ; il fallut une révolution. Après des siècles d'arbitraire, la violence s'empara de la nation ; comme cela se produit quand on a longtemps subi l'injustice sans protester, la haine s'en mêla, emportant la tyrannie dans des flots de sang ; ne doutant pas d'en avoir extirpé les racines, les sujets se crurent des citoyens. Encore aurait-il fallu que le pouvoir ait changé d'âme et point seulement de mains. Sous prétexte d'éradiquer les tentatives de retour à l'Ancien Régime, les plus farouches révolutionnaires firent bientôt subir à leurs rivaux un sort identique à celui du monarque déchu ; il ne s'agissait que de confisquer le pouvoir et l'espérance tourna à la farce : les avantages présentaient plus d'intérêt que les principes ! Tant de violences et de déceptions avaient lassé le peuple ; il s'assoupit, rêvant encore à la République. Bercé par les prophètes du bonheur, le peuple subit différents régimes qui ne manquaient pas de similitudes avec l'antique monarchie : à peine débarrassées d'un maître, les grenouilles se précipitaient pour lui en substituer un autre ; chaque avatar eut ses partisans, qui parvenaient à empiler des allégeances incompatibles. Ce n'est pas la girouette qui tourne mais le vent ! Talleyrand en fut la plus brillante illustration que d'autres aujourd'hui lui disputent. Éric Ciotti par exemple, dont les palinodies se succèdent au rythme des échecs essuyés par ceux pour lesquels ce politicien s'était tour à tour prononcé ; toujours avec une ardeur égale, tel un culbuto lesté d'un insatiable appétit de pouvoir qui, chaque fois, le remet à la verticale. Craintif ou désabusé, le peuple laissa à d'autres la maîtrise de son destin ; taxes, corvées et misère furent son lot. Il fallut bien des années pour que les principes de la Révolution laissent émerger la République et que, tel le papillon

échappant à la chrysalide, la France prît enfin les couleurs de la démocratie.
Elle en avait l'apparence. Mais le partage prive le pouvoir de saveur et l'élu est porté à se l'approprier tout entier. Le régime parlementaire en fit l'expérience, ouvrant des épisodes sulfureux, dont Vichy ne fut pas le moindre ornement. La démocratie s'affligea de scandales que dominait la cupidité. Les appétits s'aiguisaient : la chienlit s'installa. Les gouvernements se succédèrent à un rythme effréné : il en fallait pour tous et beaucoup ne songeaient qu'à se servir. Le régime souffrit alors d'un parlementarisme exacerbé par les occasions qu'il offrait de se gaver à son tour ; la volonté populaire y contribuait : elle manquait de clarté, oscillant entre goût des libertés et peur du désordre ; la veulerie qui tenait un grand nombre dans une prudente expectative ne pouvait qu'accentuer le désarroi. La passivité ouvrit la porte au renouveau à l'occasion d'événements qui exigeaient un pouvoir fort. On put croire un instant que les fruits allaient enfin passer la promesse des fleurs. Pour retrouver une stabilité favorable à la maîtrise des enjeux du siècle, un général maurrassien, imbu de son épopée, intrigua pour revenir au pouvoir.

« **Trop de maires se comportent en tyranneaux, imposant à des majorités prosternées des choix qu'ils ont seuls inspirés.** »

Alors la Ve République s'affranchit du parlementarisme ; il cantonnait le chef de l'État à l'inauguration des chrysanthèmes, ce que Charles de Gaulle n'aurait pu supporter. L'équilibre parut assuré jusqu'à l'élection du président de la République au suffrage universel, l'usage y ajoutant inconsidérément un domaine réservé. L'extrême soumission de ses godillots au premier des Français en fit un monarque : une majorité de flagorneurs approuvait sans retenue tout ce qu'il décidait ! Sa stature historique, une équation personnelle exceptionnelle avaient favorisé cette mutation ; on pouvait l'espérer transitoire. Mais il est plus facile de prendre le pli que de le perdre ; alors le pays s'habitua à ce que les décisions soient prises au palais de l'Élysée. Il aurait fallu de l'humilité pour résister à l'orgueil qui conduit aisément le pouvoir à l'abus.

Bien des élus tiennent le suffrage universel pour un couronnement, même quand il les a désignés par dépit, ou à l'issue de ces fréquentes tractations qui marginalisent l'électeur, le réduisant à choisir, non le meilleur, mais celui qui semble le moins nocif. Aussitôt élu, le vainqueur croit l'être sans partage : son mandat ne saurait avoir de limites. Trop de maires, plutôt dans les villes où l'argent n'est pas rare, se comportent en tyranneaux, imposant à des majorités prosternées des choix qu'ils ont seuls inspirés. Le maire n'est plus seulement le premier : il est le maître et tout doit s'incliner quand il commande ! Ainsi se constituent des féodalités qui engraissent : familiers et entourages pléthoriques contribuent moins au service de la collectivité qu'à s'assurer des prébendes. Cela se paye d'une docilité sans faille ; du moins aussi longtemps que la proximité d'une alternance ne tente pas la trahison. Alors des chiens couchants se transforment en hyènes, déchirant à belles dents qui leur a donné la pâtée.

Les stigmates du pouvoir s'affichent d'un bout à l'autre des régions, à travers la splendeur des bâtiments qui l'abritent. Outre les féaux, les serviteurs pullulent. Aussi peut-on concevoir que nos nouveaux seigneurs s'arcboutent à leur siège, éliminant sans vergogne qui aurait l'audace de prétendre leur succéder. Car le luxe crée l'accoutumance ; l'habitude s'en prend aisément et ces privilégiés n'imaginent plus vivre comme la plupart de leurs électeurs. Quel délice de passer les portes sans avoir à les pousser et, tels des Ceaucescu de banlieue, d'étaler leur nom et leur image pour donner corps à leurs mérites. Autre signe, le plus évident, le gaspillage des fonds collectifs. La profusion de marchés publics suscite la perplexité ; plus encore quand leur coût excède considérablement des prévisions qui rendaient acceptables des investissements dont l'utilité n'était guère apparente. Mais la gloire du prince n'a pas de prix ! Pourtant, refusant la critique, les élus prétendent à l'impunité : quand des comptes sont exigés, beaucoup menacent de rendre leur tablier. On peine à déterminer ce qui les retient : le goût du martyre peut-être…

En rendant aux collectivités locales un pouvoir d'initiative dont l'État les avait frustrées, la décentralisation paraissait judicieuse. Encore eût-il fallu que l'État conserve assez d'autorité pour contrecarrer les abus ou les déférer aux tribunaux. On ne voit guère comment y parvenir sans assurer une stricte séparation des responsabilités publiques ; elle paraît conforme aux recommandations de Montesquieu. Le cumul des mandats y fait obstacle, âprement défendu par ceux qu'il enrichit. Bien des candidats s'y déclarent hostiles le temps de l'élection, mais, à peine élus, se réfugient dans le subterfuge pour se soustraire à leurs promesses. À l'exemple d'un Estrosi. Élu président du conseil de la région Paca en 2015, le ludion de la côte ne pouvait rester maire de Nice : il s'est maintenu à sa tête sous le masque du premier adjoint et jouit des pouvoirs les plus étendus, tirant les ficelles du fantomatique édile qui l'a officiellement remplacé. Un émouvant témoignage du peu de cas que font des lois ceux qui les votent ; leur abnégation en réserve à d'autres l'exclusivité !

Se dissimulerait-il, le cumul favorise pourtant les conflits d'intérêts dont est imprégnée notre législation ; la pratique reste vigoureuse contre la règle qui interdit à celui qui organise une dépense d'en profiter. Mieux vaut alors prendre des précautions contre les tentations qui affleurent... Car le président d'un conseil régional ou départemental dispose de leviers lui permettant de privilégier la collectivité locale dont il est issu. Quand il semble indispensable que les institutions échappent à un mélange des genres nuisible à la démocratie, il faut s'étonner de ce que, passant du législatif à l'exécutif, nos gouvernants ne parviennent pas à couper le lien ombilical avec leur circonscription d'origine. Sauf à se réjouir d'un témoignage de reconnaissance envers ceux qui leur ont mis le pied à l'étrier, une vertu moins répandue que l'oubli, ou la trahison. Mais cette épuisante générosité, dont la collectivité fait les frais, témoigne

…cre conception des responsabi-
…rnementales : l'intérêt général est
réd… bien peu ! Choyés par Jacques Chirac puis François Hollande, les Corréziens ont pu profiter de les avoir tenus sur les fonts baptismaux du pouvoir. Pourquoi se priveraient-ils d'un tel filon ?

La réserve parlementaire ouvre un soupçon identique. Elle met à la disposition de chaque élu une somme de 130 000 euros allouée pour soutenir des projets de collectivités territoriales ou d'associations. Longtemps opaque, cette pratique budgétaire est mieux encadrée ; mais le destinataire de la manne reste librement choisi ! Peu prolixes sur cette curiosité budgétaire, les élus prétendent ne soutenir que des projets d'intérêt général : l'antienne s'étiole quand certains favorisent leur propre parti ou des opérations sans lien avec leur circonscription… Il faut bien de la perfidie pour supposer que les fonds publics mis à la disposition des députés et sénateurs leur servent à s'attirer la faveur des électeurs ! Pourtant, François Fillon a donné du grain à moudre lors des primaires en rappelant, avec insistance, avoir utilisé son enveloppe au profit des chrétiens d'Orient. Une forte allusion qui n'est pas de nature à laver la politique du soupçon de clientélisme.

Le risque est majoré quand tout se confond : un tel dispositif, propre à susciter des obligés ou à les confirmer dans d'heureuses dispositions, ne procède pas des seuls parlementaires ; la Constitution leur interdit en effet de prendre une initiative qui « *aurait pour conséquence soit une diminution des ressources publiques, soit la création ou l'aggravation d'une charge publique* ». Il faut donc que le gouvernement prenne le parti de leur soumettre un projet ! Une bienveillance qui rend l'exécutif suspect de connivence avec les élus : il en a tant besoin pour faire passer ses décisions. Peut-être est-il lui-même trop occupé à utiliser ses moyens pour se concilier qui pourrait l'entraver. Déjà la tolérance qui s'attachait aux fonds secrets laissait pantois dans cette République qui, si volontiers, en qualifie tant d'autres de bananières. Serait-ce donc les facettes d'un même système ? C'est à la manière dont les responsables politiques usent de l'argent public que l'on doit mesurer leur intégrité ; particulièrement fragile à l'approche des élections : sous le manteau de l'intérêt général la propension à dilapider s'amplifie, pour bâillonner les revendications. Quand les fauteuils se devinent à bascule, ces périodes offrent de belles occasions aux mécontents d'obtenir ce qui leur était refusé.

Alors les voix susceptibles de compter peuvent à nouveau se faire entendre. Le procédé tourne à la caricature quand, pour sauver l'usine Alstom de Belfort, l'État commande des rames TGV dont la SNCF ne sait que faire. Peu importe, on les fera rouler sur les réseaux secondaires, inadaptés à ce matériel coûteux autant que les autoroutes aux escargots. « *Stratégie industrielle* », a plaidé Manuel Valls. Plutôt électorale, non ? Comme à chaque dépense à laquelle le gouvernement avait jusqu'alors résisté avec le même argument tiré de l'intérêt de la collectivité ! La parole publique est dévaluée pour avoir été si souvent employée à soutenir des causes discutables, comme Manuel Valls, grand amateur de football, se portant précipitamment au secours de Michel Platini. Aussi suffit-il au pouvoir de parler pour faire surgir le soupçon, surtout quand approchent des élections...

Le pouvoir rendrait-il fou ? Question pertinente tant on constate l'habitude, si fortement installée, de détourner de leurs fins les ressources de la collectivité.

Vulnérabilité institutionnelle qui plaide pour un mandat présidentiel unique ! Peut-être, faute d'intérêt électoral et n'ayant plus à œuvrer que pour l'histoire, éviterait-il au président la tentation de s'affranchir de la rigueur qu'il impose. Une précaution qui pourrait aider les gouvernants, quand des sondages les affolent, à s'en tenir à leur devoir, celui de préserver les fonds publics. La législation pénale ne réprime-t-elle pas le comportement des dirigeants sociaux qui abusent des fonds de leur entreprise à des fins personnelles ? Une même exigence est justifiée pour les élus, exposés à pareille faiblesse. Le népotisme par exemple qui persiste dans les assemblées parlementaires : trop d'élus s'y obstinent à faire bénéficier leurs proches d'indemnités qui devraient plutôt rémunérer des collaborateurs compétents, utiles à leur mandat. L'amour de la famille assurément…

Valéry Giscard d'Estaing le pratiquait ostensiblement. Comme tant d'autres sans doute, mais avec la circonstance aggravante attachée à l'exemplarité quand on y renonce. La propension du président à afficher les stigmates d'une monarchie héréditaire allait de pair avec une remarquable obstination à se prévaloir d'une origine aristocratique. Ainsi prétendait-il imposer une dynastie à la République. Mettant l'État à contribution pour protéger ses petits secrets, François Mitterrand ne fut pas en reste ;

toute sa progéniture sut en jouir, autant que des moyens attribués au président pour exercer sa fonction. Jacques Chirac en suivit l'exemple, si bien que, lorsqu'il fut affaibli par la maladie, son entourage se disputa sa voix : épouse et fille prétendaient faire valoir un choix dont nul n'était assuré qu'il pouvait l'exprimer. Nicolas Sarkozy se voulait différent ; il fit mieux : César prétendit installer Césarion, encore étudiant, à la présidence d'un établissement public d'importance. François Hollande a pu susciter la moquerie pour des goûts adolescents dans sa vie privée ; au moins nous a-t-il épargné l'embarras d'une parentèle envahissante. Toutefois il aurait mieux valu, au moment où le débat enflammait la France, qu'il ne choisisse pas le palais de l'Élysée pour délibérer en famille de l'opportunité de la déchéance de nationalité. Des premières dames et des dauphins… N'en finirons-nous jamais des mœurs régaliennes, Louis XIV et la Maintenon ou son successeur avec la Pompadour ? Exposant largement son couple, Emmanuel Macron marche… sur leurs brisées.

À l'égal de bien des candidats à l'élection, dont ceux, tel François Fillon, qui, se prêtant aux étalages domestiques, font mine de s'en

« Le pouvoir rendrait-il fou ? Question pertinente tant on constate l'habitude, si fortement installée, de détourner de leurs fins les ressources de la collectivité. »

indigner, ravissant une opinion versatile. Mais, tous les cinq ans, le peuple est de retour sur la scène, du moins comme figurant ; il recouvre alors la raison, sanctionnant parfois ce qu'il avait paru tolérer. Car, à l'apogée du pouvoir, la pompe républicaine tient lieu de cache-sexe ; le roi jamais n'est nu, du moins ne se trouve-t-il personne pour le dire. Empressés auprès du prince, les chroniqueurs s'emploient à gommer ses ombres. Ainsi, après 1981, quand était évoqué l'attentat perpétré en 1959 dans les jardins de l'Observatoire, ne l'était-il qu'avec d'infinies précautions. Il y a du crime de lèse-majesté à rappeler au souverain ses fautes. Au moins doit-on à Nicolas Sarkozy, acharné à vulgariser le pouvoir, l'abandon du carcan qu'affectionnaient ses prédécesseurs ; certes, ils étaient momifiés, mais sa frénésie, outre une personnalité égocentrique, lui a valu un échec cuisant : le tropisme monarchique des Français n'y trouvait plus son compte. Car, présentée comme la rencontre d'un homme et d'un peuple, l'élection présidentielle exige que le candidat quitte ses habits ordinaires pour sacraliser la fonction. D'autant plus quand la nation est divisée sur des options majeures. Il lui faut des icônes, non le miroir de sa propre médiocrité : pour un président, serait-elle fallacieuse, la normalité devient un tombeau.

Alors les candidats affectent de passer avec le corps électoral un contrat, que des majorités de rencontre rendent hasardeux. Il se pourrait toutefois que cette mystérieuse alchimie ne relève que de l'apparence, car les promesses souvent sont des appâts ; ils ne trompent que ceux qui y mordent aveuglément. Elles faussent une compétition dans laquelle ceux qui détiennent le pouvoir, pour faire chuter les amateurs, ont dressé nombre d'obstacles ; ils donnent à l'élection présidentielle l'aspect d'une course de haies. Le parrainage n'est pas la moindre : il serait propre à éliminer les candidatures fantaisistes. Une précaution qui pourrait bien être inspirée par la volonté de barrer aux néophytes la route du sérail. Nul ne peut oublier l'émoi qui s'empara de la classe politique à l'approche de l'élection présidentielle de 1981 ; des sondages avaient révélé les chances de Coluche ! De taille, l'avertissement aurait pu provoquer la réflexion ; il suscita l'effroi, et quelques précautions. L'imagination ne manque point aux castes quand il s'agit de préserver leur pré carré.

Car c'est au sein des partis que se décident les choix qui nous enchaînent ; ainsi le parrainage bride-t-il l'électeur, contraint de s'en tenir à ceux que d'autres ont agréés. Si ce pertuis ne réduisait l'accès aux primaires, elles auraient pu présenter de l'intérêt, ouvrant l'élection suivante à des candidats qu'elles auraient révélés ! Quelle curieuse idée quand l'essentiel est ailleurs : l'exclusion des intrus. La présence de deux anciens Premiers ministres en finale des primaires de la droite est particulièrement instructive ! On reste en famille, au risque qu'en définitive une minorité n'impose son champion à la majorité. On connaît de meilleurs processus démocratiques ! Des discours hypocrites ne suffisent pas à masquer cette préoccupation malthusienne. Ainsi, le chœur des mâles s'est-il bruyamment réjoui de la présence d'une femme, déplorant qu'il n'y en ait pas davantage. Qui croira qu'ils pourraient en favoriser d'autres susceptibles de les affaiblir ? Une telle posture méprise celui auquel on la destine. Il va bien falloir que ceux qui font du pouvoir leur métier admettent que leurs concitoyens conservent encore un peu de lucidité.

« Pour un président,
serait-elle
fallacieuse,
la normalité
devient
un tombeau. »

Procédant d'une même logique confiscatoire, la thèse du « candidat naturel » n'est pas moins fallacieuse. Élaborée pour contenir un assaut contre le monarque, elle s'inspire d'un principe qu'on croyait révolu. Venue du suffrage universel, l'onction serait donc indélébile et sacrilège celui qui voudrait l'ignorer ? Une prétention qui restreint le débat démocratique à la possession du pouvoir : il faudrait l'avoir exercé pour pouvoir y aspirer encore. Ainsi, quoi qu'ils en aient fait, quelle qu'ait été l'opinion du corps électoral sur leur mandat, même quand il a refusé de le renouveler, ceux qui ont détenu le pouvoir jouiraient, jusqu'à plus soif, du privilège d'écarter leurs rivaux sans avoir à les combattre. Stupéfiante dynamique de l'échec ! Elle ferait redouter que, du candidat naturel, on ne passe au président permanent. Les mânes de Cincinnatus en frémiraient si, contrairement à la plupart, le pouvoir ne lui avait été confié sans qu'il l'ait recherché. Il faut cette humilité pour retourner paisiblement à sa charrue.

La manière dont il avait été une première fois évincé aurait pu suggérer à Nicolas Sarkozy de reprendre la sienne. Au moins le temps de lire *La Cause du peuple* que Patrick Buisson, son mentor, a consacré, sans la moindre élégance, à son quinquennat. Une lecture qui souligne l'évidence : un style tout en Kärcher, une propension à diviser la nation comme à monopoliser le pouvoir ne sont pas des atouts pour s'acharner à le réclamer encore. Ainsi, même si les juges sont impopulaires, les invectives répétées de M. Bismuth avaient discrédité l'hyper-président : en contestant l'indépendance de la justice, il avait perdu toute légitimité à en devenir le garant qu'impose la Constitution. Sans doute ne l'avait-il jamais vraiment été, mais il fallait être de ses laudateurs pour ne pas avoir perçu l'usage qu'il assignait à l'institution ; il confondait le service public et le sien ! Il valait mieux pour notre pays faire l'économie d'un boutefeu préoccupé de revanche contre des « petits pois ».

Avec la rupture, ce président avait promis l'ouverture. On la vit bientôt réduite à des thuriféraires d'autant plus malléables qu'ils lui devaient un maroquin inespéré. Son bilan compte sans doute des résultats significatifs, mais peu nombreux sur les sujets où ses engagements les plus fondamentaux étaient particulièrement attendus. Celui de son successeur lui ressemble. En désignant la Finance comme ennemie, François Hollande avait pu infléchir le choix des électeurs ; peut-être avait-il profité de la leçon infligée à Lionel

Jospin pour une formule utilisée lors de la campagne de 2002 : « *Le projet que je propose au pays n'est pas un projet socialiste.* » Autant de sincérité avait effarouché ! Après tant de mensonges, que deviendrait la politique si elle devait en prendre l'habitude ? Alors il restait à donner le change. Avec Arnaud Montebourg en le chargeant du redressement productif ; un exercice semblable à du pédalo sur un nuage. D'utiles talents médiatiques ne pouvaient suffire à le propulser, même avec un pilote vêtu d'une marinière *made in France*. Car nombre d'élus comptent davantage sur leurs exhibitions que sur des résultats ; ils cherchent une légitimité dans l'image, se prêtant au « selfie » qui les rapproche d'un peuple tenu d'ordinaire à distance. Sans être élu, Emmanuel Macron s'est ainsi hissé au niveau de ses rivaux, s'affranchissant des mentors à l'ombre desquels il avait prospéré, tel un bonsaï au pied de baobabs ; présidentiel, le dernier s'en est mordu les branches ! Contrairement aux incantations, les programmes sont un peu maigres ; pour nous appâter, les candidats publient des livres et prétendent à leurs tirages deviner leur popularité. Adolf Hitler mesurait bien la sienne au chiffre des ventes de *Mein Kampf*...

« Les auditeurs
sont connivents :
il n'y a pas lieu
de les convaincre,
juste
de les réveiller
de la torpeur
engendrée. »

On ne sait trop si les acquéreurs sont aussi des lecteurs ; pourvu qu'ils votent au moins ! Ces parades n'ajoutent guère à la considération que mérite la politique, déjà compromise par l'abus des réseaux sociaux où trop souvent le doigt l'emporte sur la tête ! Une affligeante médiocrité s'en déduit, autorisant à douter de la pertinence de la démocratie à travers ses choix ; on aimerait tant ne pas les avoir mérités !

Pour exister, l'essentiel est de paraître ; la vacuité n'est pas un obstacle. Les postures ne font cependant oublier ni les mensonges accumulés, ni les promesses parcimonieusement tenues. À moins d'être de ces sectateurs enamourés pour croire à la sincérité qui s'affiche. Encore faut-il aux militants une ambiance qui les porte à l'extase ; une entrée fracassante y contribue, au milieu de drapeaux frénétiquement agités. Un petit Nuremberg à vous glacer le sang ! Il suffit de quelques truismes, de noms jetés en pâture pour provoquer la transe, laissant croire au candidat qu'il est devenu roi. Pour un peu il toucherait les écrouelles et guérirait les lépreux. Les auditeurs sont connivents : il n'y a pas lieu de les convaincre, juste de les réveiller de la torpeur engendrée. Mais quel

candidat prendrait le risque de ramener ses partisans à la réalité ?
Point n'est besoin de brutaliser la classe politique quand ses décisions la concernent. Sans être avocat, il était légitime de s'émouvoir du décret qui avait permis aux anciens ministres d'accéder directement au barreau. Si l'on doute de leur compétence, leur carnet d'adresses devrait y suppléer : il paraît que cela peut être fructueux ! La prise illégale d'intérêt procède d'un cheminement identique. Souvent les politiciens se gargarisent de dire ce qu'ils font et de faire ce qu'ils disent. Il serait judicieux qu'ils n'imposent pas à d'autres ce qu'eux-mêmes s'autorisent. Nos lois pourraient en être améliorées si les groupes de pression en étaient écartés. Car, quittant les couloirs où le cantonnait la décence, le lobbying a gagné l'hémicycle : alors, au moment de voter, certains ne rougissent plus de s'en remettre aux suggestions des principaux intéressés : ainsi, quand leurs profits sont menacés, proposent-ils des amendements opportuns que déposent des députés zélés. Quelques réjouissantes incursions en des lieux plaisants ont surpris des parlementaires en compagnie de ceux qui paraissaient occupés à les influencer ; outre la

fumée, l'amour du cigare peut créer du lien… Entre deux bouffées, les élus avaient protesté de leur vertu : ne devaient-ils pas s'informer ? Pour les méfaits du tabac, comme de l'alcool, il vaudrait mieux fréquenter les hôpitaux ! Toutes ces fantaisies pourraient passer pour des broutilles, si une extrême méfiance n'imprégnait déjà le corps social. Les atteintes à la morale publique y avaient puissamment contribué, comme un appétit jamais assouvi pour l'argent. Bonne fille, la République pourvoit les anciens présidents d'un train luxueux. Au moment que s'achève son mandat, François Hollande a réduit cette aubaine qu'ils doivent à Laurent Fabius, jugeant peut-être qu'il était temps de tenir quelques-unes de ses vieilles promesses. Mais les restes sont fort beaux ! Alors, pour la dignité qu'ils ont occupée, on se prenait à espérer qu'une telle abondance les dispenserait de rentabiliser leur passé avec des conférences plaisamment rémunérées. Surtout dans des pays qui, sous leur règne, avaient entretenu de fructueuses relations avec le nôtre. Nicolas Sarkozy assume l'équivoque et, dès son élection, en avait donné la mesure par une croisière sur le yacht de Vincent Bolloré. L'ambiguïté n'est pas moindre quand Jacques Chirac, point las d'être logé gratuitement, n'a pas craint d'occuper durablement un vaste appartement qu'on dit mis à sa disposition par une influente famille libanaise. Tel un croupier dans un casino, le pouvoir aura bridé les poches de ce squatteur du luxe… La décence devrait dissuader nos princes d'accepter ainsi des cadeaux somptueux dont on veut au moins croire qu'ils n'ont jamais comporté de contrepartie. La France éternelle ne peut s'étaler dans la compromission.

Aussi ne saurait-on se méprendre sur une étonnante capacité à déguiser des comportements que réprouve la loi. Condamnés pour une participation objective à ces atteintes, les élus plaident l'absence d'intérêt personnel. On imagine un voleur rechercher la clémence des juges en arguant de ce qu'il n'avait lui-même tiré aucun bénéfice de l'argent soustrait ! Pourtant, lorsque Alain Juppé fut poursuivi en 2004 pour avoir favorisé son parti au détriment de la Ville de Paris, la cour d'appel précisa que, si tous les membres du RPR en avaient profité, son secrétaire général n'en avait tiré *« aucun enrichissement personnel »* ; la période d'inéligibilité fut réduite avec des commentaires élogieux sur son action passée… Étonnante mansuétude, dont la justice n'est guère coutumière à l'égard des délinquants ordinaires. Le Premier ministre avait déjà paru en bénéficier pour l'appartement parisien qu'il s'était fait attribuer comme adjoint au maire, ainsi qu'à son fils ; son intérêt n'était ni collectif ni incertain.

Comment alors s'étonner de ce que tous paraissent compromis dès lors qu'ils se sont approchés du pouvoir ? Le pays ne peut plus affecter d'ignorer le puissant parfum de corruption qui imprègne la politique. Même si le phénomène n'est pas récent et que depuis longtemps, dans les cercles d'influence, la probité est couramment écornée. L'Ancien Régime en était coutumier mais les mœurs étaient autres. Souvent éclaboussée par les scandales financiers, la Ve République s'est engluée dans un affligeant cynisme ; jusqu'à accepter le principe de l'immunité pénale du chef de l'État. Serait-ce donc qu'il pourrait en avoir besoin ? Ce fut certes le cas, et pourrait l'être à nouveau, mais il était permis de ne pas même l'augurer. Ainsi, à l'égal des monarques qui l'ont précédé, le président de la République paraît assuré de l'impunité. Au point que des électeurs ont pu songer qu'elle avait même inspiré une des candidatures aux primaires de la droite et du centre…

« L'impétuosité
n'est pas
une qualité
pour gouverner ;
mais
pas davantage
un doigt
qui tremble,
quand bien même
il serait mouillé
d'eau bénite. »

Une telle perspective ne peut qu'affaiblir la démocratie quand il s'agit du président de la République ; autant envisager que le corps électoral se soit laissé surprendre par un aigrefin ! Comment accepter que l'État puisse être corrompu par celui qui l'incarne ? Sans même devoir exhiber la momie du Commandeur, patinée d'avoir servi à tant de faussaires, on ne saurait se réjouir de ce que, parmi les candidats à la fonction présidentielle, il en est qui ont été condamnés ou pourraient l'être pour avoir allègrement disposé de fonds publics ou utilisé leurs fonctions à leur avantage. Deux fois impliqué à ce titre, Alain Juppé a fait valoir qu'en ce domaine le passé avait moins d'intérêt que l'avenir. La perfidie faisait fi de la présomption d'innocence ; elle a plu à ceux qui rejetaient Nicolas Sarkozy. Mais, pour l'honneur de la République, il vaudrait mieux qu'aucun des candidats à sa présidence ne soit un délinquant. Si la femme de César devait être plus vertueuse que celui-ci, il resterait à rêver d'un code de déontologie pour celui dont la fonction exclut indiscutablement le soupçon.

Car, à proportion des scandales qui éclaboussent la classe politique, les codes de déontologie fleurissent, signant l'affaissement moral du corps social : les béquilles sont faites pour les infirmes ! N'y aurait-il plus que les juges pour restituer des repères éthiques à ceux qui les ont perdus ? Encore faudrait-il qu'eux-mêmes ne sacrifient pas l'impartialité à la connivence ou à la flagornerie : alors il convient de les ménager, mais pas les autres dont nul ne peut rien attendre, hormis la justice. Si scandaleuse qu'elle paraisse, l'accusation de lâcheté serait-elle justifiée ? Triste constat que ne peuvent corriger les propos tenus par Roland Dumas qui présida le Conseil constitutionnel. Évoquant la décision qui, en 1995, avait examiné les comptes de campagne d'Édouard Balladur et de Jacques Chirac – ce dernier déclaré élu –, il publia qu'ils étaient manifestement irréguliers. Le Conseil les avait pourtant validés et ce juriste était persuadé d'avoir *« sauvé la République »*. Selon que vous serez puissant ou misérable…

Avec un statut doré sur tranche, la succession présidentielle ne peut être que farouchement disputée. Il faut toutefois s'inquiéter de la manière dont elle pourrait être financée par des expédients, des fortunes suspectes, voire des États en quête de réciprocité. On préférerait que domine

l'humilité. Des échecs cinglants devraient pourtant en conduire quelques-uns à retourner aux champs ; pour d'autres, marginalisés quand ils détenaient un pouvoir, on s'étonne de ce qu'ils puissent réclamer une responsabilité plus pesante. Traité publiquement de collaborateur par Nicolas Sarkozy, François Fillon avait accepté de rester Premier ministre : rien de bien consistant pour envisager qu'il puisse un jour présider la République... Il faut du caractère pour tenir les rênes en un temps qui exige de si profondes réformes. Certes, il vaut mieux s'épargner un taureau furieux : l'impétuosité n'est pas une qualité pour gouverner ; mais pas davantage un doigt qui tremble, quand bien même il serait mouillé d'eau bénite.
D'autres paraissent indemnes de tels écueils. Ils brandissent de brillants diplômes ; une mâle assurance – qui n'épargne pas les femmes – ne les prive nullement d'une plasticité qui favorise tous les reniements. Trop sont issus de l'École nationale d'administration destinée à pourvoir les plus hauts postes de la fonction publique d'État ; abreuvés à la coupe du pouvoir, ils pouvaient être tentés de s'en emparer ! Il n'est pas d'école pour enseigner le pouvoir, mais l'Ena était faite pour en donner le goût. Il a suffi qu'un des

siens soit parvenu à se hisser au sommet pour que le couffin devienne une couveuse. Les plus beaux destins s'y forgent et ceux qui lanternent peuvent compter sur l'esprit de promotion, porterait-elle le nom de Voltaire. Alors, s'il convient de conserver à l'Ena sa fonction – la formation des principaux administrateurs de l'État –, au moins faut-il poser des bornes à leur accès à des fonctions électives ou gouvernementales. Bruno Le Maire, pur produit du système énarchique, a paru y songer. Le temps d'une élection ?

Mais, voués à l'application des règles qu'il revient à d'autres de forger, les énarques souffrent parfois de raideur, celle de qui exécute sans vraiment décider ; car les alternances exigent de la souplesse mais aussi, pour feindre l'impartialité, une apparence austère. Qui prétend traverser la rivière est condamné aux contorsions. Pour ne point être distancé au sein de son parti, Alain Juppé a paru forcer son naturel afin de persuader d'avoir conservé sa jeunesse, comme si, plus que l'expérience, elle était gage d'efficacité… D'autres, corsetés de coutume, s'évertuent à modeler une image attractive : coiffure, vêtement, familiarité, langage ou écoute, tout fait ventre à l'ambition ! Comment ne pas être attendri par les efforts désespérés

de Nathalie Kosciusko-Morizet pour nous conquérir ? Il lui aura manqué de paraître dans un jean déchiré pour convaincre les plus jeunes de sa mue. Le triomphe de l'apparence fait surtout la fortune de ceux qui font métier de nous vendre nos dirigeants comme des savonnettes parfumées.
Des gesticulations propres à troubler la démocratie, car elles donnent à croire que le système l'a épuisée. Ce serait faire injure à la presse de supposer qu'elle n'y ait joué aucun rôle. Longtemps nombre de journalistes avaient été complaisants, parfois connivents ou serviles avec un pouvoir qui ne leur ménageait ni les avantages ni les subventions. On ne sait trop le prix qu'en payait leur indépendance... Beaucoup s'abstenaient de publier des révélations propres à éclairer la nation, s'en tenant à celles qui n'étaient pas de nature à porter ombrage au prince ou servaient ses intérêts. Mais ce comportement suppose un monopole ; il fut émietté par l'apparition de nouveaux accès à l'information ; ils imposaient toutefois d'être plus rapide, serait-ce au détriment de l'exactitude. Les médias traditionnels s'y plièrent sans mesure et bientôt, entre scoop et Audimat, leurs opinions précédèrent leurs constats.

Soucieux d'une image qui portait leur crédit, et leur prospérité, les plus hardis de la profession se mirent en scène ; ils mutèrent en acteurs de la politique, prétendant prendre part au spectacle et dicter leurs choix. Souvent ils avaient été légitimistes, ou, si l'on préfère, toujours du côté du manche ; quelques-uns le restèrent. D'autres devinrent acerbes, à proportion de la déférence dont ils avaient fait preuve : des valets abandonnèrent la livrée du pouvoir pour dresser des embuscades qui feraient oublier leur soumission. Les plus perfides crurent leur heure arrivée, jusqu'à piéger le narcissisme d'élus pour asseoir leur propre réputation sur des décombres. L'audiovisuel y participe largement, servi par des politiciens qui se prêtent complaisamment au jeu ; ils y braconnent un peu d'épaisseur, également soucieux d'évincer le soupçon de corruption. Car pour tous elle colle à la peau et il importe de s'en défaire en conduisant l'électeur vers des sentiers que n'embaumerait que la rose. En y apportant son concours, le quatrième pouvoir a perdu celui de contribuer à l'équilibre démocratique.

Reste la justice. Entre les mains d'un exécutif qui peine à renoncer au pouvoir de nomination, l'institution judiciaire est loin d'avoir la loi pour seul maître. Son action dépend largement des décisions politiques qui l'orientent, lui attribuant des moyens parcimonieux pour atteindre les objectifs qui lui sont assignés, souvent la sécurité plutôt que la justice... Ainsi tenu en laisse, le corps judiciaire l'est encore par des procédures qui l'écartent de contentieux essentiels dont dépendent l'équilibre et la richesse de la collectivité. La fraude fiscale par exemple, qu'un procureur ne peut faire sanctionner que sur plainte du ministre du Budget. Une exception hasardeuse à justifier par la complexité des textes fiscaux ; un prétexte dont, pour conforter son monopole, use volontiers l'administration qui les rédige ; la démocratie exige pourtant que la loi soit accessible à tous, même aux juges, et les députés « frondeurs » qui naguère se firent fort d'éliminer le « verrou de Bercy » ont perdu la partie. Pourtant les facéties de Jérôme Cahuzac leur en avaient offert une imprévisible occasion.

Le ministre du Budget, auquel il revient de faire le tri entre les fraudeurs, poursuivant les uns, épargnant les autres et distribuant les exemptions, apparut comme étant l'un des leurs ; il avait irrégulièrement expatrié des capitaux. L'information ne pouvait que

« Pour faire
miroiter
des lendemains
radieux,
il suffit
d'exploiter
des revers
et d'attiser
des haines. »

susciter un tollé parmi les siens ; il reste à mesurer ce qui ressortissait à la morale publique ou à la stratégie politicienne. Les opposants au président de la République ne pouvaient certes manquer de l'exploiter et l'embarras fut perceptible au sommet du pouvoir ; le président fut accusé, connaissant sa faute, d'avoir appelé Jérôme Cahuzac à un poste gouvernemental qui exigeait assurément de la probité. Grande était déjà la lassitude de l'opinion publique à l'égard des habitudes de ses représentants ; elle n'ignorait plus les inégalités produites par le système. Ce riche épisode médiatique ne fut qu'un feu de paille, qu'attisa un moment la pathologie administrative de Thomas Thévenoud, un autre ministre... Cela ne conduisit pas davantage à renoncer à une procédure si pernicieuse : il vaut mieux laisser les morts enterrer les morts.

Pour éclaircir l'horizon, il n'y a pas grand-chose. Peter Pan peut-être ? On l'imagine virevoltant dans les haubans, tentant d'échapper au sabre du capitaine Crochet, telle la démocratie à sa disparition. Apparaît alors l'inquiétante silhouette du crocodile ; il espère sa chute et l'attend, gueule ouverte, au son du réveil qui, dans son ventre, rythme son impatience. Ainsi se postent les charognards en attendant que les peuples, las d'espoirs avortés, tombent sous leurs griffes ; ils moissonnent l'écœurement et, pour faire miroiter des lendemains radieux, il leur suffit d'exploiter des revers et d'attiser des haines. L'anathème devient un programme et se nourrit de toutes les peurs. Altérant la démocratie, une aigreur malsaine se répand, nous rendant odieux les principes qui l'ont bâtie, où prime l'humanité : elle était la règle ; un nationalisme étriqué prétend s'y substituer. Alors « La Marseillaise » ne paraît plus qu'un chant guerrier, symbole du combat qu'une partie de la nation voudrait livrer à l'autre. Tel est le risque lorsqu'un peuple renonce aux vertus qui l'ont porté pour s'abandonner à une colère aveugle, voulant ignorer que l'agneau cache un loup. On peine à le nommer : il n'est pas solitaire et même peut-on redouter qu'il ne chasse en une meute disparate. Car, dans leur quête inlassable du pouvoir, ils sont nombreux à prendre notre intérêt pour masque. Il y a quelque chose d'humiliant pour ceux que l'on tente ainsi de séduire en martelant qu'il suffirait à notre pays pour retrouver sa splendeur d'antan de se replier sur lui-même, de s'enfermer dans ses frontières, de se montrer indifférent au sort des plus démunis. La

planète aurait-elle cessé de tourner, renonçant à partager les avantages que longtemps elle n'avait réservés qu'au plus petit nombre? Il faut bien de l'aveuglement pour se mettre dans les pas du joueur de flûte de Hamelin : il parvint à noyer dans la rivière les rats qui perturbaient les villageois mais, peu après, il revint pour entraîner leurs enfants sous les eaux.
Est-ce donc si facile de tromper notre peuple? Sa lassitude peut justifier qu'il soit prêt à se jeter dans des bras qui se tendent sans songer au prix qu'il aura à payer. Mais son égarement pourrait avoir d'autres sources que son dégoût, jaillies du plus profond. Nous avons beau jeu de nous en prendre aux politiciens, magistrats et journalistes, aux économistes aussi que contredisent inlassablement des mécanismes qu'ils prétendent maîtriser. Leur responsabilité ne peut éclipser la nôtre dans le naufrage annoncé ; déjà le tenir pour inéluctable révèle la part qui nous incombe, comme s'il ne dépendait que des autres de nous y soustraire ! Nous ne saurions nous dissimuler nos travers ni affecter d'en ignorer la nature quand ils nous conviennent. Ne sommes-nous pas coupables des préférences que nous affichons et de la facilité avec laquelle nous succombons aux discours qui les flattent?

Il y aurait de la bassesse à prétendre, pour nous en racheter, que la clameur publique est sans effet sur ceux qui nous représentent et l'écoutent. Quand s'ouvre leur procès, l'équité commande de rendre à chacun la part qui lui revient de la défaite.

Selon les jongleurs d'opinions, la plupart de nos comportements naîtraient de « *la persistance rétinienne des images fabriquées par les médias* ». Fatuité de bricoleur ou mépris d'un peuple réduit à régurgiter ce dont on l'a gavé ? Il vaudrait mieux s'interroger sur les raisons d'une déception qui tend à nous écarter des urnes, ou nous incite à suivre des voies dont la mousse comporte tant d'épines. Est-ce la politique qui nous infantilise ou nous qui tolérons de n'être plus que des marionnettes ? Notre passivité devant les médias, une flexibilité exagérée à leurs diktats, un appétit féroce pour la rumeur, voilà qui nous condamne à partager leurs excès, semblables au corrompu lorsqu'il accepte l'offre du corrupteur. Certes, nous n'avons pas voulu l'absence de probité que nous constatons ; pas moins que les magistrats et journalistes dont l'inertie ou la précipitation ont un rôle dans nos désillusions ! Nul n'est indemne de ses actes, ni de ses abstentions ; pas davantage de ses incohérences.

Car la stupéfaction est vive quand tant d'électeurs, dès qu'il n'est plus inéligible, reconduisent un élu sanctionné pour avoir été malhonnête. Si la peine purge le passé, on peut néanmoins admettre, quand il s'agit d'un élu, qu'il a perdu toute légitimité à solliciter du peuple un nouveau mandat : on ne peut trahir la démocratie sans en payer le prix. N'y faut-il pas au moins une longue période de deuil ? Il est paradoxal de stigmatiser si souvent la corruption en même temps qu'on l'encourage par son vote. Les exemples ne manquent pas et chacun, quand il touche au cœur du pouvoir, est de nature à gangrener le tout. Tous pourris ? Non, mais tous contaminés par un discrédit qui abaisse la République dans une période où le populisme voudrait l'emporter.

L'incohérence n'est pas moindre quand nous nous référons à la laïcité de l'État comme à un dogme en même temps qu'à nos racines chrétiennes. Celles-ci sont incontestables, si on ne prétend pas y résumer notre nation, pas plus qu'à ses ancêtres gaulois. Mais l'essence de la République est ailleurs. Certes, quand elle fut proclamée, la laïcité avait permis de réduire l'opposition viscérale des partisans d'une restauration monarchique. Le danger passé, la modération

« Tous pourris ?
Non, mais tous
contaminés
par un discrédit
qui abaisse
la République. »

fléchit le principe ; il glissa de l'anathème à la tolérance, au point de privilégier la religion catholique par rapport aux autres : le goupillon reprit sa place auprès du sabre et le pouvoir ne craignit plus de s'afficher dans les lieux de culte... L'influence de l'Église la faisait écouter, voire entendre : l'État était laïc mais les convictions religieuses conservaient leur poids ; plus encore quand le débat concernait la vie, de la naissance à la mort. Dieu naguère était dans les urnes ; il n'était pas absent quand on projeta d'étendre aux couples homosexuels un mariage qui n'était que civil. La laïcité a repris vigueur quand le temps vint, avant celui du terrorisme, de résister à l'islam ; elle servit à combattre des apparences qui, du voile au maillot de bain, suscitaient une large réprobation. L'essentiel était-il vraiment dans le signe ? Pas dans la certitude que celle qui l'arbore y est effectivement consentante ? Mais est-ce que cela pouvait importer aux politiciens qui s'en étaient emparés pour en faire leur miel ? Ils étaient seulement attentifs à tirer parti de ce qui pouvait rassasier leur clientèle ou l'accroître.

Car, même dans un État de droit, sous l'influence de ce que nous portons en nous d'irrationnel ou de malsain, il arrive au pouvoir de soutenir l'injustice. Si les attentats qui ont ensanglanté notre pays ont pu ensuite justifier la crainte de l'islam, une xénophobie rampante, voire du racisme, ne les avait pas attendus, marginalisant dans des cités sans âme ceux qui avaient choisi la France pour patrie. C'était oublier que beaucoup étaient venus combler des vides laissés par les autochtones, dans les mines de charbon du Nord par exemple. Qui voudrait se le rappeler quand tant vitupèrent contre ces étrangers qui volent notre pain ? Au moins doit-on espérer qu'en manquent ceux qui vocifèrent, à l'opposé de ceux qui, dotés d'un emploi, n'ont de cesse de réclamer que soient plus durement traités ceux qui en sont privés. Il y aura toujours des élus pour propager des thèses hostiles aux plus démunis ; ils y sont portés d'autant plus que la démagogie fait écho au tumulte du corps social. Elle se dresse ainsi contre le retour des hordes barbares ; on ne sait plus comment désigner ceux qui fuient leur pays ravagé par des guerres dont nous ne sommes pas innocents ou épuisé par des dictateurs abandonnés à leurs rapines au prétexte qu'ils nous sont favorables. À moins qu'ils ne servent quelques ambitions de haut vol.

Pour un butin semblable, les mêmes, toute honte bue, prétendent exiger de ces Français venus d'ailleurs qu'ils s'assimilent à ceux qui sont nés sur le territoire national. Ils ne se contentent pas d'attendre des nouveaux venus qu'ils s'adaptent à un mode de vie initialement différent du leur dont ils conserveraient l'essentiel ; il leur est enjoint d'abandonner ce qu'ils furent pour devenir en tous points semblables à ce que nous sommes. Notre identité serait-elle si fragile qu'il suffirait d'une burka pour l'ébranler ? L'ancien chanoine du Latran et ses pareils semblent avoir pris goût aux pratiques de l'Inquisition qui ne laissait aux juifs que le choix d'être renégats ou brûlés vif.
À de telles divagations, on mesure l'étendue des dégâts. François Hollande en donna l'occasion quand, pour répondre au massacre du Bataclan et se concilier une opinion publique qui l'avait abandonné, il reprit à son compte un projet de déchéance de la nationalité. La mesure prétendait prévenir les tentations d'embrasser le terrorisme. Affolée par le crime, la nation y était favorable. Il y fallait cependant une révision constitutionnelle. Qu'importait aussi que la solution paraisse un cautère sur une jambe de bois ? Comme si la menace pouvait fléchir ceux que séduisait

« L'histoire des peuples se perd aisément dans les eaux glacées de la mémoire. »

le terrorisme au mépris de leur vie. Il y avait peu à espérer d'une telle sanction quand la perspective de peines d'emprisonnement perpétuel ne parvenait point à réduire la détermination des assassins. Hélas jamais la peur ne sut consulter la raison.
Ceux qui avaient préconisé la réforme s'en détachèrent quand leur principal adversaire s'en fut emparé : les élections étaient proches ! La tentative laissa un goût amer à ceux qui l'avaient sincèrement combattue ; car le danger avait conduit la République bien près de renoncer au droit, courant le risque de se placer au niveau de ceux qu'elle combat. De quoi mériter à nouveau l'infamante apostrophe de Winston Churchill : *« Vous aviez à choisir entre la guerre et le déshonneur ; vous avez choisi le déshonneur et vous aurez la guerre. »* La même tentation point au rythme des frayeurs qu'engendre l'insécurité ; il incombe aux élus de nous préserver de l'une, non d'attiser les autres. La justice n'en est pas à l'abri quand ses décisions déplaisent. Drapés de tricolore, des élus se mettent à la tête des manifestants pour les soutenir ou les récupérer, même contre la loi ! Trop souvent l'émotion entraîne des réactions qui ne doivent rien au discernement. Ainsi la prison est-elle

considérée comme une panacée, quand elle ne peut être qu'une peine nécessaire, sans que jamais la vengeance puisse en pousser la porte ! Mais qui voudra s'en pénétrer quand tant d'élus, et non des moindres, se précipitent chaque fois pour s'attabler avec leurs électeurs au café du Commerce ?
L'histoire des peuples se perd aisément dans les eaux glacées de la mémoire : ils en oublient les combats engagés pour obtenir les bienfaits dont ils jouissent. Ainsi ce qui leur a le plus coûté leur semble dépourvu de saveur, comme s'il leur était acquis de toute éternité ; pourquoi donc lutter pour en assurer la pérennité ? Alors passent les cadavres sous les ponts sans même que nous les reconnaissions pour tels, sans mesurer ce qu'ils symbolisent du démembrement de la République. Persuadés par ceux qui en profitent que notre silence sert l'intérêt général, nous nous y réfugions pour servir frileusement le nôtre. Dès lors, sans troubler notre lâche indifférence, nombre de nos illusions défilent sous des regards vides. Avec elles disparaît peu à peu la liberté de dessiner notre avenir, avec ce qu'un jour nous avions tenu pour essentiel. Encore faut-il ne pas disputer le prix qu'elle requiert : il vaut mieux regretter d'avoir à

mourir que de vivre en déplorant sans cesse ce qu'il a fallu payer pour survivre.

Quand le rêve tourne au cauchemar, comment alors s'y prendre pour modifier un cap qui accroît notre désenchantement ? La question toujours est posée quand est invoquée la nécessité d'un changement qui ne soit pas qu'un slogan de campagne ; elle révèle combien notre démocratie est désorientée face à ses prédateurs quand il revient à ses bénéficiaires de s'en emparer. Serions-nous plus doués pour subir en maugréant que pour contraindre nos représentants à se conformer aux exigences qui découlent du mandat que nous leur avons confié ? Ce serait oublier que la qualité de citoyen est riche de contraintes autant que de droits ; or, nul ne peut se soustraire au devoir sans perdre parallèlement les avantages qui en procèdent. La citoyenneté ne peut s'accommoder du rêve ; elle n'autorise qu'à vivre debout, non couché dans la molle insouciance qu'accorde l'égoïsme à ceux qui s'y soumettent.

Alors appeler de nos vœux la femme ou l'homme providentiel qui ferait pour nous ce dont nous serions incapables ? Cela s'est produit quelques fois, mais rarement sans dépens pour la démocratie. Cette tentation paraît inspirer les demi-mesures parfois suggérées ; en procède l'usage de l'article 49.3 de la Constitution qui contraint les parlementaires à choisir entre leurs convictions et leur mandat. Ou la perspective de légiférer par ordonnances au premier temps du quinquennat. Si constitutionnels soient-ils, ces procédés faussent un équilibre déjà précaire en retirant au Parlement ce qui lui reste d'initiative. En réduisant ainsi son rôle au profit d'un exécutif déjà trop puissant, on ne parviendrait qu'à accentuer ce halo monarchique qui mutile la République, lui faisant perdre un peu plus de son âme. Serions-nous devenus impuissants à ordonner nos intérêts à ceux de la collectivité pour qu'il soit envisagé de restreindre ainsi notre droit à les exprimer ? La réponse ne peut venir que d'une démonstration contraire.

Ce n'est point dans la fuite, ni dans les armes, qu'il faut la chercher, pas davantage dans l'abri d'un protectionnisme forcené ; mais dans la volonté fraternelle d'un partage qui n'ignore personne, faisant fi de l'origine, de la couleur et de la religion. Sans doute convient-il aussi de refuser le petit bout de la lorgnette, celui qui nous propose, outre de tout juger par rapport à nous-mêmes, de jauger la capacité politique à la connaissance du prix d'un petit pain au chocolat… Plus encore, il importe de s'écarter d'une pensée congelée et de ces éléments de langage qui, prétendant imposer un discours uniforme, font renaître Panurge et ses moutons. Réfléchir sans l'appui des sondages qui restreignent les élans et les convictions, ni le carcan de nos attachements, mais en puisant dans notre culture sans attendre de ces autoroutes virtuelles, parfois semblables à des chemins creux, qu'elles en constituent l'unique source : les bibliothèques ne sont pas que des meubles ! Mais le civisme, c'est aussi de renoncer à l'anonymat, ce paravent des lâches, pour s'exprimer sur les réseaux sociaux, notamment.

Parce que nos faiblesses leur sont connues, nos représentants, qu'ils les partagent ou non, sont enclins à en jouer ; nos peurs et nos sujétions leur sont autant d'indications ! En les flattant, ils nous courtisent, quêtant moins notre approbation que la licence d'abuser de nos égarements. Nos revendications à leur endroit, si légitimes soient-elles, ne peuvent être détachées des contraintes que nous saurons nous imposer. On a coutume d'attendre de l'exemplarité de ceux qui gouvernent ; sans doute... mais cela ne peut suffire : il ne sert à rien – du moins peut-on s'en prévaloir pour s'en abstenir –

de donner un exemple dont il est à prévoir qu'il ne sera pas suivi ! En contraignant notre instinct à plier devant les principes qu'exprime la devise de la République, en nous soumettant aux lois nées de l'intérêt général quand bien même il nuirait au nôtre, peut-être alors nous sera-t-il permis de nous lamenter sur notre sort, sans nous en sentir responsables, ni en être coupables.

L'incendie rongeait la savane ; un colibri vola jusqu'au lac le plus proche pour prélever un peu d'eau et revint la déverser sur le brasier. Goguenard, un éléphant s'approcha : Crois-tu pouvoir éteindre ainsi le feu ? Non, répondit l'oiseau, mais j'aurais fait ma part. Quelle sera la tienne ?

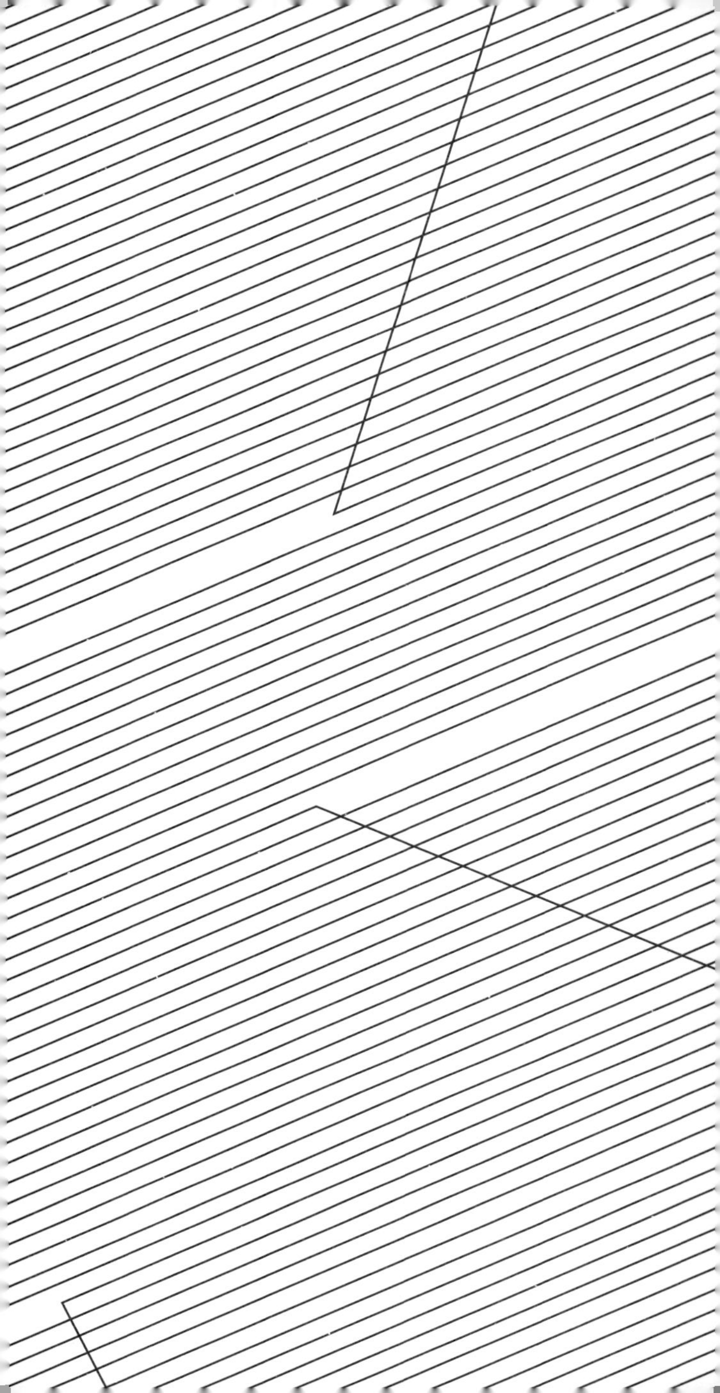

FSC
www.fsc.org
MIXTE
Papier issu de sources responsables
FSC® C003309

Les papiers utilisés dans cet ouvrage
sont issus de forêts responsablement gérées.

Mis en pages par Soft Office – Eybens (38)
Imprimé en France par Laballery
Dépôt légal : février 2017
N° d'édition : 5382 – N° d'impression : 701085
ISBN 978-2-7491-5382-7